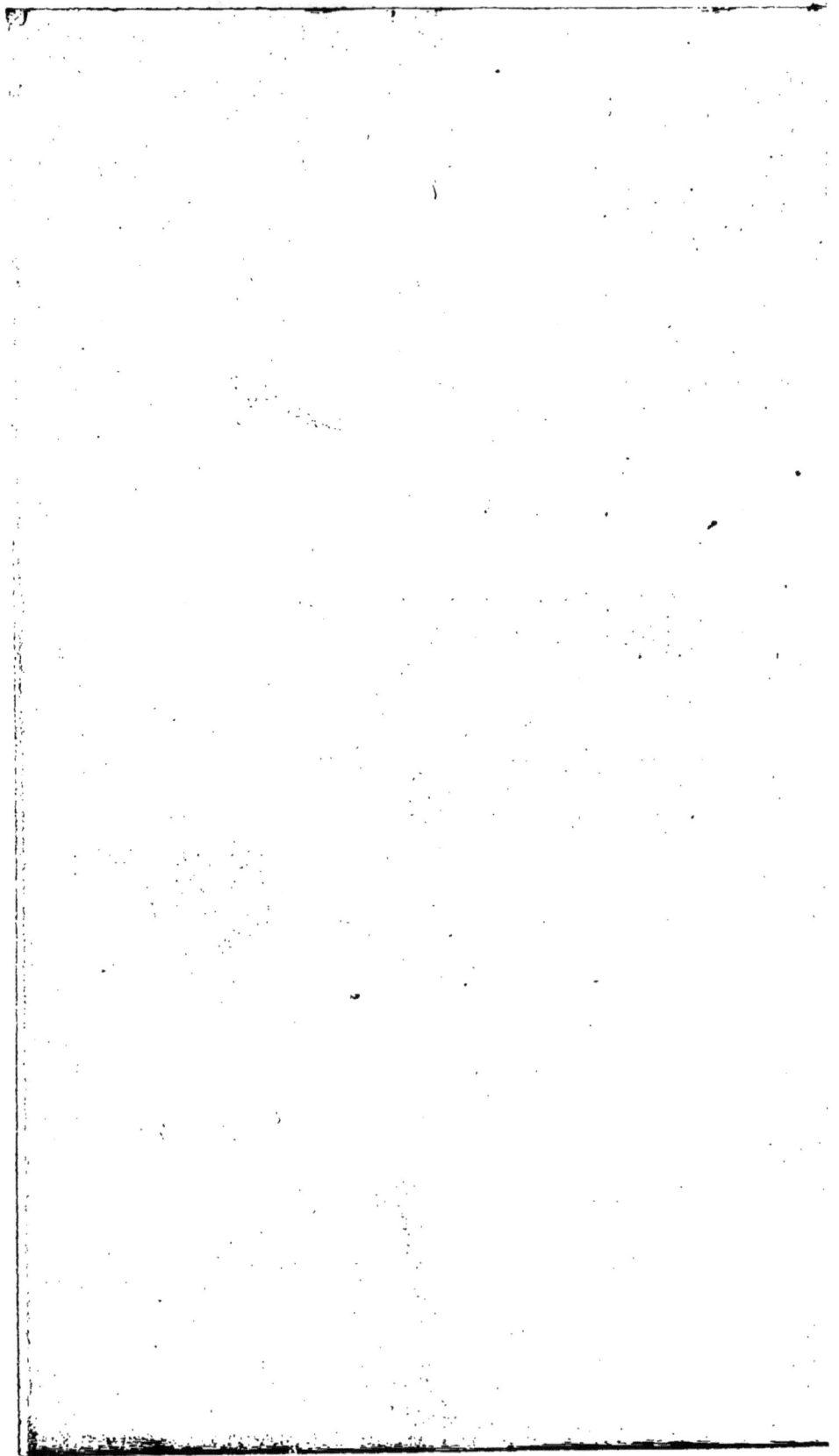

ORAISON
FVNEBRE
PRONONCEE
DANS LA GRANDE

Eglife de Paris aux obfeques de HENRY
LE GRAND ROY. Tref-Chreftien
de France & de Nauarre.

PAR MESSIRE PHILIPPES
Cofpeau Euefque d'Aire, premier Aufmonier
& Confeiller de la ferenifsime Reyne
Marguerite.

A PARIS,
Chez BARTHELEMY MACE', au mont
Sainct Hilaire, à l'Efcu de Bretaigne.

M. DC. X.
Auec priuilege du Roy.

8 Z le Senne 9580

De ... h 8. 8.

A LA REYNE.

MADAME,

Suiuant le com-
mandement dont
il à pleu a voſtre
Maieſté m'hono-
rer, i'ay donné la lumiere & la
vie, à ce diſcours de tenebres &
de mort. Ie l'euſſe faict pluſtoſt :
mais il m'a falu long temps combatre, pour côtraindre ma main,
à renouueler ma playe : Et de
rouurir la voſtre lors qu'elle
eſtoit encore toute ſanglante, ie

ã ij

l'eſtimois vne eſpece de parricide. Ceux qui ſçauront ma portee , m'accuſeront a bon droict,
d'auoir trop entrepris : mais ie
tiendray ce blaſme à grand
honneur , pourueu qu'il vous
plaiſe aduoüer que ç'à eſté par
voſtre commandement ; &
que le deſir de le ſuiure , &
non pas ma temerité à ſurpaſ-
ſé mes forces. L'obeiſſance a ce
mal'heur , qu'eſtant aueugle on
la meine ou l'on veut, & ſou-
uent au dela de ſa puiſſance:
mais elle à ce bon-heur auſſi,
que ce n'eſt point à elle à reſ-
pondre de ſes actions :toute l'o-
bligation de les garantir demeure a celuy qui commande. C'eſt

ce qui me faict esperer, Madame, que vous prendrés les fautes
de mon insuffisance, pour marques de mon deuoir, & qu'au
lieu de blasmer la hardiesse,
vous loüerés l'affection de celuy
qui sera toute sa vie.

De vostre Majesté,

Le tres-humble, tres-obligé, &
tres-fidelle seruiteur & sujeët,
PHILIPPES EVESQVE D'AIRE.

ORAISON FVNEBRE

PRONONCEE DANS LA GRANDE EGLISE DE

Paris, aux obseques de HENRI LE GRAND, Roy Tres-Chrestien de France & de Nauarre.

Cecidit Corona Capitis nostri, væ nobis quia peccauimus. Thren. 5.

La Couronne de nostre teste est tombee, malheur à nous par ce que nous auons peché.

NON NON, MESSIEVRS, ne le pensez pas : ce n'est point pour loüer sa vie que ie me presente en ce lieu, mais pour pleurer sa mort, pour celebrer ses conquestes, mais pour

A

plaindre noftre perte, pour chanter fes triomphes ; mais pour dire
en gemiffant ces triftes parolles,
*Cecidit Corona Capitis noftri, væ
nobis quia peccauimus.* La Couronne
de noftre tefte eft tombée, malheur à
nous parce que nous auons peché.

Auffi certes, fi vous le prenez
bien, l'eloquence qui faict mieux
paroiftre la grandeur, & la bonté
d'vn Roy que la mort a raui, ce
font les larmes & les gemiffemens
de fes fuiects: le Prince duquel on
peut honorer le trefpas, par vne
harangue premeditée, pleine de
recherches & d'artifices, monftre
qu'il touche plus à la langue qu'au
cœur: les peres du peuple, les vrays
Rois ne fe peuuét loüer que par les
plaintes, & les regrets: *vna pro illis
vox eft loqui non poffe, ac tũ demũ vt
par eft cõmẽdãtur, cũ gemitibus oratio*

interrumpitur : il n'y a qu'vne forte
de voix pour eux, c'eſt de n'en a-
uoir pas : & iamais ils ne ſont ho-
norez côme il faut, que quand les
diſcours ſôt entrecoupez de ſouſpirs, & les mots ſuffoquez par les
ſanglots. Les loüäges de celuy dôt
nous celebrons la memoire, ne ſe
peuu ent dire, elles ſont au dela de
toute côceptiô ; nos regrets ne ſe
peuuét taire, ils retétiſſét par tout,
& n'y a lieu du môde qui ne reſpô-
de vn lamétable Echo à ces triſtes
paroles, *Cecidit Corona Capitis no-
ſtri, væ nobis quia peccauimus.*

L'honneur de ſes armes, les lauriers d'vne infinité de victoires,
qu'il a planté parmy ſes fleurs de
lis, ont mis ſans doute le premier
& l'vn des plus brillás fleurós à cete Couronne : mais qui pourroit
ou trouuer des paroles ſuffiſantes

& dignes s'il falloit les confiderer
en leur verdeur, & côme il les ar-
rouſoit du ſág bouillant de ſes ennemis, ou máquer de ſouſpirs, de
larmes, & de ſáglots, maintenant
que nous les voiós fleſtris & abba-
tus ? Durát ſa vie, le bruit de tout
l'vniuers, le ſon des plus eſclatátes
trópettes dôt la renómee ſe ſeruit
iamais, les plumes eloquétes & veritables d'vne infinité d'hiſtoriés,
la côfeſſió d'vn millió de vaincus,
les cháts de triomphe d'autant de
vainqueurs, faiſoiét retétir partout
la force & la valeur de ſon inuincible courage. C'eſtoit donc alors
qu'il eut fallu ioindré nos cháts de
ioye & d'allegreſſe, à l'harmonie
de tant de voix qui celebroiét cóme à qui mieux le côtétemét de la
Fráce, & les cóqueſtes de ſon Roy:
mais maintenant que cete heu-

reufe vie eft changee en vn lamétable trefpas:le fon de ces funeftes
& douloureufes cloches, la voix
doléte de la renómee, les funebres
poemes des Mufes affligees, la frai-
eur, les regrets, les gemiffeméts des
Fráçois, les pleurs de nos ennemis
mêmes, l'eftónemét de tout le móde, ne nous peuuét rié faire entendre, finó que la malheureufe mort
a vaincu ce Prince admirable, qui
pour l'auátage des Fráçois, & pour
l'hóneur des fleurs de lis, pouuoit
vaincre tout l'vniuers. Or que puif-
je refpondre à toutes ces dolentes
voix que celles-cy qui font de mé-
me accent, *Cecidit Corona Capitis*
noftri, væ nobis quia peccauimus?

De m'arrefter à fó bó-heur & vo⁹
dire que le tout-puiffant ait touf-
jours beny fes cóbats, que fon Ange guerrier l'ait códuit par la main

que son esprit infiny n'ait bou-
gé de sa dextre, que ses ennemis
mesmes l'ayent publié le bras terrible & l'espee foudroyante du
Dieu des armees, qu'entrepren-
dre & acheuer, poursuiure & ga-
gner, attaquer & emporter,
combatre & vaincre, estoient
pour luy vne mesme chose; qu'il
sembloit que la Prouidence tint
regiftre de ses desirs, pour les
porter au but de ses intentions;
que seroit-ce ie vous supplie, sinon vous chanter des redictes,
& m'amuser à vous vouloir apprendre ce que tout le monde
sçait tres-bien, & vous trop
mieux que tout le monde? Mais
de tenir ses larmes en la consideration d'vne si grande felicité si tost passee, & si legerement
perduë, & de ne plaindre pas no-

ſtre heur conuerti en malheur, nos iours en tenebres, noſtre gloire en confuſion, mais noſtre vie en la plus lamentable de toutes les morts, ce ſeroit bien à mon aduis la plus dure & la plus inſenſible ſtupidité qui fut iamais.

Il n'y a point de doute que la promptitude pour les entrepriſes ne ſoit auſſi bien que le bonheur, l'vne des plus grandes parties d'vn general d'armee : mais auſſi qui ne ſçait qu'en ceſte qualité ce Prince s'eſt vaincu ſoymeſme ? Ses ennemis deliberent de la guerre, il tonne à la porte de leur conſeil, & faict qu'ils ſe trouuent vaincus auant que s'eſtre reſolus de combattre : on le croit aſſiegé dans vne petite

ville, il deſole en ce meſme inſtant
& à cinquante lieuës de là, la plus
grande de ce Royaume : l'on ſe
promet qu'il eſt ſur le point de faire voile pour ſe ſauuer en Angle-
terre, il met en peine de ſe ſauuer
ceux qui croyoient l'auoir perdu.
Mais qui n'a entẽdu la rẽcõtre du
feu Prince de Parme, que les autres faiſoiẽt la guerre en animaux
terreſtres, mais que le Prince de
Bearn la faiſoit en aigle volant? à
l'heure qu'on le penſe tenir, on le
void prẽdre ſon eſſor & ſe perdre
cõme en la nuë : lors qu'õ le croit
eſloigné de cẽt lieuës, il viẽt fõdre
ſur ſes ẽnemis, les ruine ou les met
en deſordre. Les Romains compa-
roient leur Ceſar à la foudre pour
la promptitude de ſes executions:
ils ne l'euſſent pas fait s'ils euſſent
cogneu le noſtre, ceſte com-
paraiſon

paraiſon n'eſtoit propre qu'à luy.
Si eſt-ce neantmoins qu'il faut encore icy ſe rendre à la douleur, ſuiure ſa dure loy , & ne dire vn ſeul
mot de ceſte admirable promptitude au fait de ſes armes: la mort le
rauiſſât luy a rauy ceſte gloire, puis
qu'elle a fait ſon deteſtable coup
ſi promptement, que iamais il n'en
fit aucun auec tant de viteſſe. A la
mort dõc la loüange de la viteſſe:
mais quelle mal-heureuſe & funeſte loüange; à la mort la compa-
raiſon de la foudre , à la mort la
puiſſance ſur les armes , ſur les
Roys, ſur toute la terre : mais à no⁹
les regrets, les gemiſſemens, & les
larmes; voila le vray partage de ce
funeſte iour.

De la prudence pour le conſeil,
du courage pour les perils , de la
magnanimité contre les infortu-

B

nes , que les amis, que les ennemis en difcourent, ils tomberont
d'accord, & aduoüeront ce que le
Roy d'Efpaigne a dict la larme à
l'œil, & auec vn reffentiment de
trifteffe digne d'vn cœur vraye-
ment Royal , que le plus valeureux Prince, & le plus grand guerrier de la terre eftoit mort. Nous
au moins aduoüons-le de mefme
forte, le regret au cœur, & les larmes aux yeux ; & tandis que l'Ef-
pagne pleurera noftre perte comme vne perte qui touche tout le
monde, ne nous amufons pas à
chanter les conqueftes, & les loüã-
ges de celuy qui emportant nos
cœurs, n'a peu nous laiffer nos parolles.

La valeur des ennemis vaincus,
la puiffance de leurs Princes , l'a-
dreffe de leurs Capitaines augmé-

tent de beaucoup la gloire des
vainqueurs : Cefar faifoit fort peu
d'eftat des triophes du grãd Pom-
pee, d'autant qu'il les auoit acquis
contre les effeminés & pufillani-
mesOrientaux,& furmontant des
nations qui n'auoient rien moindre que le courage : au contraire
les lauriers des Scipiõs fe font ren-
dus les plus floriffans & les plus re-
nommez de l'vniuers, parce qu'ils
les auoient arroufez du fang des
Affricains, & des citoyens de Nu-
mance : & arrachez des mains du
vaillãt Hannibal la grande terreur
des Romains. Voulez vous donc
que fuiuant cefte reigle, i'honore
la valeur & la puiffance de nos ennemis, & que ie tire de leur gloire
quelque loüange pour celuy qui
ne les a que trop efleuez, leur faifant l'honneur de les vaincre ? he-

las! cette lamentable tombe, ce funebre luminaire, ces armes cou-
uertes de noir, comme estant les
trophees, & les conquestes de la
mort; me portent bien à vne autre
imagination! Il faut que ie vous
die, non pas qu'il a vaincu des peuples terribles en courage, & aguerris par vn perpetuel exercice des
armes & des combats; mais qu'il a
esté abbatu par la main du plus las-
che monstre que la terre porta iamais, & que la rage n'auoit armé
que d'vn foible & meschant cousteau : A vn autre temps donc
la puissâce du feu Roy d'Espagne,
la conduicte de son sage nepueu,
la valeur du Prince de Parme, la
resolution, les efforts, le courage
de leurs armees, l'experience de
leurs Capitaines, qui tous ensem-
ble n'ont peu resister à ce foudre,

ny arrester le cours de ses victoires. Pour maintenant il faut que
le traistre meurtrier , le cousteau
parricide , la mort impitoyable,
l'estonnement de ce peuple esper-
du nous arreste, & qu'il accorde
nos dolentes voix auec les plaintes de tout l'vniuers.

Les nations estrangeres ne doiuent pas trouuer estrange , si i'ose
dire que la Fraçoise a emporté sur
elles le prix & la gloire de la guerre: les Romains qui les ont toutes
vaincües luy ont trop franchemét
quitté ce grand honneur: puisque
Caton confesse dans Saluste leur
historien, qu'ils doiuent ceder aux
François la prerogatiue des armes,
cóme aux Grecs celle de l'eloqué-
ce, mais puisque la iournee d'Al-
lia où nos ancestres les taillerent
en pieces, leur Capitole où ils les

B iij

contraignirent de se cacher & de
payer vne gráde somme d'or pour
racheter leur vie, leur Ciceron qui
nous appelle nation tant à craindre pour les Romains , leurs Pre-
stres qui perdoient le droit de leur
exemption & estoient contraints
d'aller à la guerre quand elle estoit
Gauloise, le thresor qu'ils gardoiēt
expres pour ceste seule guerre , &
vne infinité de semblables choses,
mōstrent tres-clairement que nos
peres les estōnoiēt autant cōme ils
estonnoiēt tout le reste du mōdo.

Diray-ie donc à ce propos
que ce grand Roy des Capitaines a fait de son Nerac toute
la France, & surmonté auec vne
poignee de gens , la meilleure &
la plus forte partie de ces Gaules?
& que la Sapience eternelle a iu-
gé que c'estoit peu pour luy de

se rendre auec l'assistance de ses
François le plus renommé guerrier de l'vniuers, s'il ne vainquoit
ces François mesmes ? ou bien si
obeissant à ma douleur & suiuant
la vostre, ie me plaindray de quoy
apres auoir dompté tant de vail-
lants & de courageux François,
il a esté en fin assasiné par vn exe-
crable & diabolique parricide,
qui portoit à fausses enseignes
l'habit, la langue & le nom de
François ? Certainement quand
ie considere que Dieu a honoré ce Prince du Sceptre & du
Diademe de la France, non
seulement pour l'illustre sang qu'il
auoit tiré en naissant des Roys
ses ancestres les peres des François,
mais par celuy encore qu'il auoit
espandu en France pour les François & contre les François, ie ne

puis que ie ne recognoisse que só
merite a doublé l'obligation que
nous auiós à tous nos autres Roys:
mais aussi le voyant non seulemét
malheureusement assasiné , mais
assasiné dans la ville capitale de sa
France, &par vn traistre que la nature & le païs obligeoiét de mourir pour luy, ie ressens tant de nou-
uelles poinctes qui me percent le
cœur & redoublent ma douleur,
que tát s'en faut que ie puisse parler d'autre chose , que ie ne sçau-
rois mesme exprimer ma tristesse
que par le silence & l'estonnement. Indomptable France !
l'effroy autrefois & la grande
terreur du monde , eussiez vous
creu qu'vn iour deut naistre auquel vous prendriez plaisir &
tiendriez à honneur , d'estre
vaincuë ! La valeur de ce Prince
vous

vous à conduire iufque là : vous
auez honte d'auoir cedé aux armes de Céfar ; vous vous vantez
d'auoir efté domptee par ceftuy-
cy : mais quelle ioye helas ! vous
peut aporter cefte victoire ; voyát
vne noire vipere naiftre parmy
vos fleurs de lys , laquelle d'vne
piquure empoifonnee tuë voftre Roy & vous perce le cœur?

    L'experience eft la grande mai-
ftreffe de l'art militaire auffi bien
que de tous les autres , c'eft elle
qui porte la dernière main à l'ac-
compliffement d'vn Capitaine,
& qui luy donne fon entiere
perfection : mais ce feroit perdre le temps de vous entretenir
de l'experience d'vn Prince, qui
n'a efté nourry & efleué qu'au fon
des trompettes, & lequel pour la
meilleure part de fa vie, n'a eu au-

C

tre exercice que celuy des combats. Ces Princes & ces Capitaines qui m'escoutent, & qui ont
eu presque tous l'honneur d'estre
participans de ses perils, compa-
gnons de ses entreprises, & mi-
nistres de ses victoires, sçauent
beaucoup mieux que moy qu'il
s'est veu chef d'armee au sortir
de l'enfance : qu'il a senty fon-
dre sur luy en l'espace de quatre annees dix armees Royalles:
qu'il a faict durant le cours de
plus de dix ans presque autant
de combats que de traictes : autant de sieges que de logis. L'ont
ils pas veu foudroyer de sa propre main en la meslee de cent
& quarante combats, & demeu-
rer victorieux sur le champ de
trois batailles rangees, & de tren-
te cinq rencontres d'armees? mais

aux·fieges de trois cens places?
Au lieu donc de parler de fon experience, pleurons le mal-heur
de la mort, qui pour n'arriuer
iamais qu'vne fois à chacun de
nous, ne fe peut apprendre par
experience : mais difons enco-
res que la perte de noftre Prince, le vray cœur & la vie de
cet eftat, tient tout à faict de ce
mal-heur, & n'a rien de commun auec l'experience : car puis
qu'elle eft incomparable en toute façon nous n'en fifmes iamais
& n'en ferons iamais vne fem-
blable.

En fin pour tout ce qui regar-
de fes armes, fes ennemis en par-
leront beaucoup mieux que moy:
ils y ont intereft: ayás efté vaincus,
la feule confolation & l'honneur
qui leur refte, c'eft de l'auoir efté

d'vne inuincible main : ils le
ſçauent mieux ; dautant qu'ils
ont ſenty la force de ſon bras , &
qu'ils en portent non ſeulement
la memoire en l'eſprit , mais les
marques deſſus le corps : ils en
ſeront pluſtoſt creus ; le blaſme
de l'amy , & la loüange que donne l'ennemy , ſont hors de ſoub-
çon , & trouuent creance par
tout. Que ceux la donc publient l'honneur de ſes victoires,
car auſſi bien ils ne le ſçauroient
taire : & qu'ils le publient ou ſans
reſſentiment du mal-heur de ſa
mort , s'ils ont au lieu de cœur
humain des cœurs de lions & de
tigres, ou bien touchez de triſteſſe
& compaſſion , s'il leur demeure quelque trait de douceur &
d'humanité. Nous dirons cependant ce qui ne peut eſtre pro-

noncé de bon cœur , que par ses
seruiteurs, ses sujects , ses enfans,
Cecidit Corona Capitis nostris , væ
nobis quia peccauimus.

LE SECOND FLEVRON
de nostre couronne, sera le bon-
heur & la prudence par laquelle il a si diuinement estably , &
si admirablement conserué ceste
florissante paix , qui nous faict
viure apres sa mort. *Principem*
ab armis commendari , disoit vn
Romain , *manca est gloria , adde*
togam & pacis artes , cumulaue-
ris. De ne donner à vn Prince que la loüange qui s'acquiert
par les armes, c'est vne gloire im-
parfaicte & comme manchotte;
vous la comblerez de tout poinct,
y adioustant les qualitez qui sont
propres & conuenables pour la
paix : au moyen de quoy les sça-

uants & fages Atheniens, auoient
choifiPallas pour eftre laRegéte&
laDeeffe tutelaire de leurRepubli-
que, d'autát qu'elle prefidoit tout
enféble aux armes&àla cócorde&
qu'elle portoitd'vne mefme main
tátoft l'efpee guerriere,tátoft l'oli-
ue pacifique:mais le grand & vray
Dieu apres que fes faints Prophe-
tes l'ont nommé mille fois du nó
terrible du Dieu des armées, veut
il pas que nous recognoiffions en-
cores qu'il eft le Prince de la paix?
que fon throfne eft orné de iuftice & de paix ? que bien-heureux
font les paifibles , parce qu'ils feront recognus pour fes enfans &
heritiers de fon Royaume , & de
fon eternelle paix ? Vn grand
trouble , dit le bien aymé difci-
ple, vne grande guerre s'eft efte-
uee au Ciel : le tout-puiffant par

l'entremife de Michel fon Ar-
cháge, a combatu les Anges mau-
dits & rebelles qui s'eftoient efleuez contre fa Majefté & leur faifant perdre non feulement terre
comme l'on dict, mais tout-en-
femble la terre & les Cieux, les a
precipitez au plus creux des en-
fers : mais apres cefte horrible
guerre, cefte heureufe victoire,
comme il eut faict paroiftre au
Ciel combien fes armes eftoient
à craindre, & fon bras terrible pour
les fuperbes, il eft defcendu luy-
mefme, & fans l'entremife d'aucũ
Ange ou Ambaffadeur ça bas en
terre, reueftu de douceur, d'humilité, de paix, pour nous monftrer
que la concorde luy eftoit fans
comparaifon plus propre que la
guerre, laquelle il commettoit à
fes Miniftres, & pour nous re-

mettre par sa parole, par sa vie, par
sa mort & son sang, és bonnes graces de Dieu son pere , desquelles
la rebellion , & les crimes nous
auoient esloignez. Afin donc que
l'image se raporrast à son idee , la
figure à son prototype, le Roy au
Roy des Roys : la sapience eternelle a voulu , que si nostre Prince par la confession de ses ennemis mesmes , s'estoit rendu admirable en guerre , il ne le fut pas
moins en paix. Car tout le monde
aduoüe-il pas que la triste sai-
son de l'Hyuer , n'est point plustost , ny auec plus de contentement pour les hommes , sui-
uie du doux Printemps , que
nos horribles confusions & les
tempestes de nos guerres , ont
quitté la place à la plus douce paix,
& à la plus heureuse concorde
que

que l'on vit iamais ? Nous admi-
rons à bon droict la puissance de
la nature, & de son autheur, en
ce que le Soleil par la vertu qu'ils
luy ont donnee, dissipe tout en
vn instant les tenebres de la nuit,
& en sorte, qu'en ce mesme instant il n'en demeure en l'air aucune apparence. Qui ne s'eston-
neroit donc voyant deux furieuses guerres, l'vne intestine,
l'autre estrangere esteintes tout à
coup, & suiuies aussi tost de ces
deux noms d'amour presque en
tout temps incognus aux François, de FRERES, entre eux, &
D'AMIS auec tout le monde ?
Apres les tempestes de l'air, encore que le beau temps arriue, il
nous demeure nonobstant tous-
jours quelques incommoditez,
& quelques effects de leur de-

D

sordre : les fleurs se voyent lan-
guissantes, les fruicts abatus, les
chemins fangeux & inaccessibles,
les espics rompus, les arbres ren-
uersez, les animaux esperdus &
estônez: en ceste paix parce que la
main de Dieu y trauailloit, & que
son esprit tout-puissant y contri-
buoit quelque chose par dessus
les forces de la nature, rien
n'est arriué de semblable : nous
auons veu en vn moment les chemins libres, le traffic remis, la
iustice regner, les lettres fleurir, la
force sans forces, là raison en cre-
dit, les armes sans prix, le desor-
dre banny : de plus, l'abondance des richesses, & la magnificen-
ce des bastiments prendre place
par tout, & publier comme à
haute voix, que si le Roy auoit
receu du Ciel la vailláce & le cou-

rage de l'inuinçible Dauid, il auoit
receu quant & quant la benediction de Salomon le pacifique,
qu'il estoit aussi doux en paix , côme terrible en guerre ; egalle-
ment prudent en l'vne, & en l'autre , & admirable en toutes les
deux.

Les Pythagoriciés & Platô reco-
gnoissent, que pour deux raisons il *n'y a*
rien qui soit plus digne d'admiration en la prouidéce de Dieu, que
la paix & la concorde de l'vniuers.
La premiere pour ce , qu'à la verité il y a dequoy s'estonner infiniment , de considerer l'harmonie
d'vne si ferme & parfaite alliance
entre des elements , qui ont toutes leurs qualitez contraires & cô-
trepointees, & que le sec & l'humi-
de, le froid, & le chaud, le pesant,
& le leger , soient accouplez en

forte, que la concorde naisse de
leur discorde, la paix de leur guerre, de leurs combats, les esbats de
Dieu, & de la Nature, & le repos
de l'Vniuers. De voir entre les
Cieux, le premier mobile se rou-
ler de l'Orient, en Occident, &
tous les autres prendre chemin
contraire de l'Occident, à l'O-
rient ; mesme de remarquer en
chasque Ciel, ces courses toutes
differentes & ces mouuements
opposez, & nonobstant, concorde partout, amitié partout, par
tout ce luth celeste, & ceste diuine harmonie tant chantee par
les Pythagoriciens, & qui de son
costé chante si hautement selon
le rapport du Psalmiste, la grandeur, la sagesse, la bonté, & la toute puissance de son autheur in-
comprehensible.

La seconde raison de l'estonnement de ces Philosophes, proce-
de de ce que comme nostre ame
accorde toute seule & sans l'en-
tremise d'aucune autre forme,
les quatre humeurs opposees, dōt
nos corps sont composez , aussi
toutes les contrarietez qui se re-
trouuent dans le monde, se voient
appaisees par le moyen de la seule
ame de l'Vniuers , qui se coulant
puissamment dans tous les mem-
bres de ce grand corps, & les ani-
mant doucement, fait naistre l'harmonie d'vne tāt admirable paix de
la confusiō & des antipathies d'v-
ne infinité de discordes: il n'y a certes disent-ils, aucune creature qui
y mette la main auec elle, & les de-
mons ou intelligences celestes,
terrestres , ou aëriennes, ne la se-
condent pas pour cet effect. Y-a-
D iij

il rien de plus semblable ? quel
chaos estoit-ce que la France,
l'annee qu'Amiens se vit assiegé
de son Roy, occuppé par ses ennemis ? Tous les esprits des François se trouuoient diuisez par
deux religions plus contraires
que la lumieres & les tenebres, que
Iesus-Christ & Sathan : tous nos
cœurs enueloppez dans des par-
tis formez dés long temps , fo-
mentez & nourris par toute sorte de puissances & d'artifices ; &
aigris au partir de là, par les plus
furieuses haines, & les plus cruel-
les iniures que puissent apporter
les guerres qui se voient tout en-
semble estrangeres & ciuiles: tous
nos peuples accoustumez à la li-
cence & au brigandage , le ioug
de la Iustice, la reuerence des Ma-
gistrats, l'amour des concitoyens,

la franche & libre douceur à laquelle le nom de François nous
oblige, tout cela fecoué , mefpri-
fé, mis à bas, & en leur place rien
que des troubles , des rancunes,
des furies & tout ce que le defor-
dre d'vn Royaume qui combat
fon Roy , qui vit fans loy , qui
n'a point de paix, peut apporter.
Nonobftant la main toute-puif-
fante & la prouidence de Dieu,
a trouué moyen par l'entremife
d'vn feul homme , qu'elle auoit
choify pour eftre l'ame & l'efprit
de l'Eftat, de couler prefque en vn
inftant , dans toutes les parties
de cefte admirable Monarchie,
la douceur & la lumiere de la
paix , auec vne entiere oubli-
ance de toute forte de rancunes
& d'injures , mais auec tout l'a-
mour & l'affection que peu-

uent promettre les noms de Roy,
de ſujects, de concitoyens, chan-
gez en ces autres plus heureux,
& plus doux de Pere, d'enfans, &
de freres. Il y a plus : car au gouuernement du monde, il ne faut
rien craindre pour le dehors : l'V-
niuers comprenant tout, ne peut
auoir d'ennemis qu'il n'enferme :
Icy la prouidence n'eut rien fait,
ſi elle n'eut appaiſé que le dedans :
il falloit dauantage porter bien
loing hors du Royaume l'aucto-
rité & la reuerence du Roy, & par
la force & terreur du ſeul bruit de
ſon nom arreſter les deſſeins des
eſtrangers, & les entrepriſes de
ceux qui ne peuuent ſupporter
l'odeur des fleurs de Lis, & auſ-
quels ce qu'elles ont de plus doux
faict mal au cœur. Toute-puiſſante & toute diuine prouidence,

cé, sacré lien de l'vniuers, exemplaire de la deftinee, frein de la
fortune, œil de Dieu ardant d'a-
mour, luifant de cognoiffance,
fage guide de la nature, que pour-
ray-je dire, mais que ne pourray-
ie dire de toy, fi ie me mets à confiderer de plus pres les reuolu-
tions des Cieux, le repos de la terre, l'accord des airs, du feu, de la
mer; le rapport & la liaifon natu-
relle, de Dieu, des Anges, & des
hommes! Tu gouuerne la terre
du haut des Cieux, les Cieux du
bas de la terre, toutes chofes eftát
en tous lieux, mais toutes chofes
n'eftant en aucun lieu: tu es le faint
& puiffant Hymenee, qui ioins
enfemble la fortune & la fatalité,
la prefcience & la contingence;
nos libertez & les immuables de-
crets de la Toute-puiffance de
                    E

Dieu. Tu eſpands & deſplies l'eternité par le temps, l'vnité par les nombres, la loy vnique, indiuiſible & infinie, par vn nombre ſans nombre d'auentures & d'effects que nous voyons produits ça bas. Mais ſi ramenant mon eſprit & ma penſee dans le iardin des fleurs de Lis, où le fils de Dieu prend tát de plaiſir, ie contéple quelle eſtoit la France quand ce Prince admirable en a pris le gouuernement, & quelle il la renduë depuis par le bon-heur de ton aſſiſtance ; ſi ie conſidere comme en ce ſubiet au lieu de l'air & de la mer, tu as gouuerné les courages, au lieu des flots & des tempeſtes, tu as appaiſé les plus martiales & les plus furieuſes paſſions de nos ames ; ie n'ay autre parolle pour t'honorer que l'admiration & l'eſtonnement.

Le temps, les fiecles , les mouuements qui fe changeans perpe-
tuellement en eux-mefmes, de-
meurent ftables & fermes en cete incomprehenfible prouidence , font que touts les Philofophes , mais que tous les Anges
adorent les merueilles de fa
grandeur : & cependant qu'eft-
ce que la legereté des temps,
des fiecles, des mouuements, au
prix de l'inconftance des cœurs,
de la violence des paffions , de
l'impetuofité & fureur des haines
& choleres de tant de Princes,
& de peuples, qu'elle a par la
douceur de cefte paix , & par
l'entremife de ce grand Roy rangees fous fes diuines loix? & ar-
refté dans vn repos fi ferme &
fi vniuerfel , qu'il pourroit
bien non pas nous reprefenter

seulement, mais egaler la paix du monde?

L'Iris, l'arc en Ciel, si nous le considerons en soy-mesme, & comme separé des rayons du Soleil, qu'est-ce qu'vne vapeur noire & grossiere, qu'vne exhalaison tenebreuse, qu'vne vaine nuée, qui ne peut seruir que de ioüet aux vents & à la tempeste? mais dés que ces rayons se iettent dedans ceste nuë, & commencent comme à l'animer, la voila à l'instant l'alliance de Dieu, l'arc du Ciel, l'honneur de l'air, l'esperance de la terre, la merueille des meteores, le contentement de nos yeux, l'idée & la perfection de toutes les couleurs, vn des chefs d'œuures de la Nature, bref l'vnique beauté de toutes les beautez inanimées. Ne plus ne moins les des-

seins, les entreprises, mais toutes
les actions & toutes les merueilles
des plus grands Monarques de la
terre, si vous les considerez en ce
qu'elles ont de propre, & comme
separees des rayons & de la lumiere de la prouidence ; que se-
rôt elles ie vous supplie, que nuées
inconstantes & legeres, qui serui-
ront d'esbatement & de ioüet à la
fortune, durant le cours de ceste
miserable & brefue vie, puis à la
fin de proye & de repas à la cruelle mort ? Mais si vous les ioignez
à ce Soleil, si vous les contemplez
comme desseins & œuures de ce-
te sapience infinie, si elle y faict paroistre sa lumiere, si sa puissance y esclatte, si nous recognois-
sons par des signes euidens qu'elle les aduoüe pour ses œuures,
ainsi qu'en ceste paix nous l'a-

uons veu tres-clairement ; alors
fans doute tout y fera tres-grand,
tres-admirable, tres-diuin. Tref-
grandes donc les œuures de
noftre Roy,& la paix qu'il nous
a donnee tref-diuine & tres-admirable ! puis que le Soleil ne
fe faict point plus paroiftre ny
en fon Iris , ny en ces belles &
excellentes images qu'il exprime
de foy-mefme en l'air , que les
Philofophes appellent Parelii;
ny dans le Ciel mefme où il re-
fide par fa propre forme & fub-
ftance ; que la prouidence s'eft
monftree dans le throfne de concorde & de paix, que cefte merueille des Roys luy auoit dref-
fé. Les Orateurs de ce monde
inftruits en la fapience de la parolle , comme parle fainct Paul,
& non pas en la vertu & hauteffe

de la doctrine de IESVS-CHRIST,
penfent efleuer beaucoup les
Princes qu'ils entreprennent de
loüer , s'ils les comparent à quelques Scipions , Cæfars , Han-
nibals , ou femblables : que
pourroient ils donc faire en noftre fubject, où il eft queftion
d'vn incomparable ? La Theo-
logie prend vn vol plus haut, &
ramenant faintemét les ruiffeaux
à leur fource, les lignes à leur cen-
tre, les atomes à la lumiere du Soleil qui les efleue & les faict naiftre ; trouue moyen non pas
feulement de comparer religieu-
fement & fans blafpheme , les
actions de quelque grand homme auec les actions de Dieu;
mais de monftrer encore qu'elles
ne font qu'vne feule & mefme
chofe: de forte qu'honorant Dieu

de ce que font les hommes, elle
honore les hommes des œuures
les plus excellentes de la main de
Dieu. Suiuons ceste route, & ioignant enfemble par les facrez liés
de la Prouidence le feruiteur & le
maiftre, le Createur & la creature,
difons, Dieu tout-puiffant s'eft fait
paroiftre grand és œuures de noftre Roy, noftre Roy s'eft rendu
admirable par les œuures du Tout
puiffant : la Prouidence incomprehenfible efclatte par la paix
que ce Prince nous a donnée, ce
Prince eftonne tout le monde, &
fe fait cognoiftre le plus grand
Roy qui fut iamais par ceste mefme paix : bref faifons vn fainct
concert & digne de ce lieu, des
loüanges de noftre Dieu viuant,
& de noftre Roy mort, de
l'efpoux de la faincte Eglife, &
de

de son fils aisné; du Createur
qui veut paroistre par sa creature, & de la creature qui ne
peut paroistre que par son Createur. Mais pourquoy est-ce
cruelle mort, pourquoy est-ce
fille de Sathan, engeance maudi-
te de la desobeïssance & du peché, que tu trouble ceste harmonie? pourquoy nous contraints tu
de ioindre aux doux accents de
tant de cœlestes & diuins chants
ces funestes paroles, *Cecidit Coro-*
na Capitis nostri, væ nobis quia pec-
cauimus?

LA PROPRE SOEVR
de la paix, le troisiesme fleuron de
ceste Couronne, & la vertu la plus
conuenable aux courages & aux
fortunes releuees, c'est la clemence & la misericorde. Les trois
chefs-d'œuures de la main toute-

F

puiſſante de l'Eternel, l'incarnatiõ
du fils de Dieu, ſa paſſion, & l'in-
ſtitution de la diuine Euchariſtie
luy ſont deuës, la predeſtination
meſme qui eſt la merueille de tous
les deſſeins de la Diuinité, & le
plus incomprehenſible arreſt du
Conſeil eternel des trois perſonnes infinies, tient plus de ceſte admirable qualité que d'aucune autre : mais le nom Tetragramma-
ton le plus auguſte & le plus diuin
de tous les nõs de Dieu, nous ſigni-
fie-il pas la ſource de tout eſtre &
l'eſſence toute-puiſſante de l'infinie Trinité, conioincte & mariee
non pas auec la ſapience, la iuſtice, la puiſſance ou quelque autre
des diuines proprietez, mais auec
la ſeule miſericorde? Ains ſelon le
rapport des plus doctes Hebreux,
& de nos plus ſçauans Theolo-

giens, c'eſt particulierement pour
ceſte conſideration & pour l'honneur de la clemence, que ce nom
eſt remply d'vne infinité de merueilles : qu'en l'ancienne loy il ne
pouuoit eſtre proferé que par les
Preſtres ſanctifiez & dans le ſan-
ctuaire lieu de miſericorde : qu'en
ce temps il n'y a homme viuant
qui en ſache la prononciation,
pour verſé qu'il ſoit en la langue
ſaincte : qu'Abraham, Iſaac & Iacob l'ont ignoré : qu'il n'a eſté
communiqué à Moyſe que par
vne grace particuliere du Tout-
puiſſant, & par vn traict extraordinaire de ſon affection,
comme luy - meſme l'a teſ-
moigné : que toutes ſes ſylla-
bes, toutes ſes lettres, tous
ſes anagrammes, en quelque façon qu'on les prenne, tourne ou

diuife, ne peuuent jamais figurer
autre chofe que la Diuinité : que
parmy tant de diuerfes langues, &
entre tant de myriades de mots
qui fe trouuent en chaque langue,
nous n'auons que cefte feule parole creée qui refponde à l'increée
comme fon figne & fa marque
parfaicte: qu'il eft feul en fin entre
tous les noms de Dieu proferés
par les hommes, qui puiffe eftre
le caractere & l'image naïfue du
nom de Dieu proferé par le Tout-
puiffant; & engendré auant tous
les fiecles, hors de tous lieux, &
fans aucun bruit ou de fons, ou de
voix par cefte prolation mefme;
Car ne plus ne moins que ce Ver-
be eternel & cefte parolle ineffa-
ble, qui eft le fils de Dieu, apres
auoir efté prononcee & produite
par la bouche du Pere, dans le

sein de la Diuinité, est venüe nous
monstrer ça bas la grandeur de la
saincte Trinité par saClemence, &
son esséce par sa misericorde;aussi
ce mot de quatre lettres, muet-
tes en ce temps & ineffables pour
tous les hommes, represente tres-
clairement ceste mesme grandeur
& essence, par la mesme douceur
& misericorde. Que pourray-ie
donc dire qui soit digne ou de
l'excellence de la vie, ou du mal-
heur de la mort de ce grand mi-
racle des Roys? puisque comme
les miserations du Dieu viuant
& eternel surpassent toutes ses
autres œuures, & luy donnent
son plus illustre nom; les sien-
nes aussi se sont esleuées presque
infiniment au dessus de ses plus
hautes actions? Car qui est-ce
de tous ces grands Princes, &

de ces Illuſtres Seigneurs qui me
font l'honneur de m'eſcouter,
qui n'ait recogneu ſa clemence
ſi extreme , que ſes ſeruiteurs
en on craint l'excez , les coulpa-
bles en ont adoré la douceur, les
Princes eſtrangers l'ont admi-
ree , & perſonne ne la peu imi-
ter ? Qui ne ſçait qu'elle a touſiours regné d'vne egale puiſſance auec luy , & qu'elle n'a permis qu'vne ſeule fois, & encore à
regret , que la punition & la ſe-
uerité entraſſent en quartier , &
ſeruiſſent non à la volonté du
Roy , mais à la neceſſité de ſon
Eſtat ? Les hiſtoriens nous ap-
prennent que les victoires de
ceux à qui la Fortune a donné
quelques competireurs & corri-
uaux de leur puiſſance , ou que
les armes & les guerres particu-

lierement ciuiles, ont porté dans
leur Throfne, rendent ordinai-
rement leur paix prefque auffi fan-
glante que leurs combats, faifant
paffer par les mains des bour-
reaux, ceux que les ennemis ont
efpargnez, & efpandant fur des
efchafaux par vne trop feuere &
iniufte iuftice, le fang qui auoit
efté conferué dans les champs de
bataille. Augufte eftimé depuis
le plus clement Prince du monde, commença fon regne par
vne horrible boucherie, & ne
s'aduifa d'eftre mifericordieux,
qu'apres s'eftre foulé de fang.
Salomon ce Roy pacifique, &
duquel le nom mefme ne promet que mifericorde & douceur,
faict executer fon propre frere
Adonias, pour quelques parol-

les mal digerees, & iuge que la
requeste qu'il presentoit d'vn ma-
riage desplaisant au Roy, deuoit estre apostillé par l'arrest de
sa mort. En ce Roy courageux
rien de semblable : il a regaigné
le Royaume, auquel le droict de
son sang & de sa naissance le portoit, pour n'auoir jamais craint
ses ennemis ; il veut aussi ne les
hayr iamais, à fin d'arriuer à celuy, que le sang & la mort de Iesus-Christ luy ont acquis : & par-
tát il n'espargne rien plus que leur
vie, leur pardonne à tous, les ayme
tous & des qu'ils le recongnoissent
pour leur Roy, il ne faict aucune difficulté de les recognoistre
pour ses enfans. Or c'est icy
Iesus tout-puissant, c'est icy doux
Redempteur de tout le monde,
qu'il faut que ie m'aduance, &
que

que ie prenne la hardieſſe de m'a-
dreſſer à vous.   Ie ſuis poudre &
cendre dict Abraham , ſi parleray-ie à mon Seigneur ; ie ſuis
plus vil que la poudre & la cendre, diſ ie moy, ſi parleray-ie, &
auec aſſeurance, à ce meſme Seigneur. Nous ſçauons, Fils &
Dieu incomprehenſible , que
pour auoir eſté produict non pas
de la volonté, comme le Sainct-
Eſprit , ny de la toute-puiſſan-
ce comme les creatures , mais
de l'entendement & de la memoire fœconde de voſtre Pere,
vous eſtes non ſeulement l'image
& le caractere de ſa ſubſtance &
de ſa perſonne infinie, mais encore l'exemplaire & le prototype
de toutes les creatures : l'abiſme
inepuiſable & ſureſſentiel des for-
mes primitiues qui forment tout

G

ça bas, ce monde ideal & arche-
type tant chanté par les Platoni-
ciens, à l'imitation duquel toutes choſes ſont faictes, & qui
marque ou par ſon veſtige, ou
par ſon image admirable, &
l'elementaire, & le celeſte,
& le microcoſme, & ce qua-
trieſme monde encore, qui
vous aprochant de plus pres, s'eſ-
loigne autant de la capacité de
nos ſentimens, comme il eſt ſe-
paré de la lie & de toutes les im-
perfections de la matiere: cependant vous nous enſeignez par
les diſcours de vos Sainctes Eſ-
critures, qu'en ce qui eſt de la
clemence, vous voulez ſuiure
noſtre exemple, & nous faire
l'honneur de prendre du pardon
que nous faiſons par voſtre grace, le modele de celuy que vous

nous voulez faire : ie vous re-
metray vos fautes, ce dictes vous,
mais ce sera comme vous les re-
metrez ; vous trouuerez en moy
misericorde, mais ce sera si ie
la trouue en vous : & iamais vous
ne ferez apparoistre de la qui-
tance que vous aurez donnee à
vos pauures & affligez debteurs,
qu'à l'instant ie ne vous quitte
aussi toutes vos debtes, & esface
par mon propre sang les lettres &
la scedule qui vous y tenoiét obli-
gez. Ie vous prens donc par vos
parolles, eternelle, toute-puissan-
te & tousiours veritable Parolle,
& vous coniure par la bonté
qui vous a faict donner la vie
à tout le monde, mais qui vous
a faict souffrir la mort pour
tout le monde, de pardonner à
vostre creature, nostre Prince, à vo-

ftre fubiect noftre Roy , comme
luy-mefme a pardonné à ceux qui
l'auoient offencé. Ie fçay qu'il a
contribué à voftre mort, ainfi que
tous les autres enfans d'Adam,
& qu'il a rendu par fes iniquitez
la charge de voftre croix plus pe-
fante & plus outrageufe : mais
vous fçauez aufli , qu'il a pardonné à cent milles qui auoient
porté le fer de leurs armes enne-
mies & rebelles iufques à fon
fein , & que iamais ny la cholere , ny la vengeance d'aucune
iniure particuliere , ne luy a faict
efpandre vne goutte de fang.
Quoy donc ? aura-il gardé vos
commandemens , & ne garde-
rez vous pas vos promeffes ? &
les mifericordes de Dieu par lef-
quelles il s'eft furmonté foy-mefme , feront elles furmontees par

celles d'vne creature ? Nous fça-
uons touts que la qualité baffe &
populaire de la mere de fainct Auguftin ne luy permettoit pas ny de
donner de grands pardons, ny de
prendre de grandes vengeances,
& que d'ailleurs elle auoit l'ame or-
nee de tant d'excellentes & Chre-
ftiennes vertus, qu'elle aprochoit
dés le temps de cefte vie, de la pureté des plus fainctes ames qui re-
gnent auec Iefus-Chrift. La con-
uerfion de fon diuin fils eft deuë à
fes gemiffemens, & l'eau de fon
Baptefme, côme il le nous raporte
luy-mefme, n'a pris fa fource que
de l'abondance des larmes qu'elle
efpandoit pour luy iour & nuit
deuant Dieu : cependant comme
la mort la emportee, & qu'il eft
queftion de prier pour fon ame,
cefte lumiere des faincts Peres, c'eft

G iij

aigle des Theologiens oublie &
le zele qu'elle auoit eu pour luy, &
la pureté de sa vie, & son extreme
humilité, patience, & obeissance, bref vne infinité d'autres grandes vertus, & ne se resouuient
pour tout que de sa douceur &
clemence à l'endroict de ses ennemis : tant il sçauoit que pour
auoir pardon de Dieu, il faut auoir
pitié des hommes, & que la seule
misericorde peut impetrer misericorde. *Moy donc, dit-il, ma loüange*
& ma vie, Dieu de mon cœur, mettant
vn petit à part les bonnes actiõs de ma
mere, pour lesquelles ie vous rēds gra-
ces auec alegresse & resiouyssance, ie
vous supplie maintenant pour ses pe-
chez : exaucés moy par la medecine de
vos playes qui a esté attachee & pēdue
au bois, Et qui assise à vostre saincte
dextre, vous interpelle & supplie pour

nous. Ie ſçay qu'elle a fait miſericorde,
& qu'elle a pardõné de bõ cœur à ceux
qui l'auoient offencee, pardonneZ luy
de bon cœur auſſi , d'autant que vos
parolles ſont veritables, & que vous
auez promis miſericorde à tous ceux
qui feroient miſericorde. Suiuons
ce diuin Theologien Meſſieurs:
parlõs à Dieu ſa promeſſe à la main
& auec aſſeurance: & puiſque nous
luy preſentons en terre vne ſi extreme clemence, ne craignons pas
la iuſtice du Ciel. Que voulez
vous faire à ce Prince, Dieu tout-
puiſſant? Miſericorde? nous vous
la demandons treſ-humblement.
Iuſtice ? c'eſt Iuſtice que tenir ſes
promeſſes , & vous auez promis
miſericorde, à tous ceux qui feroient miſericorde.

DE LA DOVCEVR
dont il a traicté ſes ſubjects & de

l'extreme & mutuelle affection
qu'il auoit pour eux, qu'ils auoiét
pour luy, n'atendez pas s'il vous
plaift que i'en parle : La France
s'eft chargee de cefte partie de noftre funebre action, & ma difpu-
té que fes larmes, fes regrets &
fes plaintes la fourniroyent trop
mieux, non feulement que noftre voix foible & rompuë par la
douleur, mais que les plus ardans
& animez difcours de l'eloquence mefme. Il m'aymoit, ce dict
elle, comme ie l'aymois, car
amour ne paye que l'amour, &
le paye, s'il eft bien reglé, par
mefure efgale, ie l'aymois comme ie le regrette ; ie le regrette
iufques à la mort : & le voyant
porter en terre, ie reffens les mef-
mes poinctes qui me perceroient
le cœur, fi lon m'y portoit toute

te viue, auec tout d(...)ui me reste
d'enfans. Quelle difference, ô
bon Dieu! les autres meres font
fortir leurs enfans de leur sein,
pour leur donner la naissance &
la vie : Toy pauure France, tu re-
çois auiourd'huy le plus cher de
tes fils, mais le plus grand de tous
tes Roys, tout froid & mort dans
tes entrailles ! Quand on ayme,
c'est signe que l'on croit estre aymé ; & la vraye marque d'auoir
honoré le viuant, c'est regretter
e mort. Y eust-il donc jamais
egret semblable aux plainctes &
ux cris qui se font entendus par
out pour le trespas de ce pere des
François ? I'eus le mal'heur d'e-
tre à Paris quand les furies lan-
erent le detestable coup : i'en
pris la nouuelle, non par le re-
it d'aucun homme, mais par

H

l'effroy & l'image de la mort que
ie voyois emprainte dans la face
de tout le monde : par les mains
esleuees vers les Cieux , puis re-
tombant durement & à grands
coups sur les poitrines de tous
ceux que ie regardois: par vn bruit
lamentable & confus du peuple
demy-mort, qui me faisoit assez
entendre, quoy qu'en parolles nõ
entenduës, que c'estoit à ce coup,
que le plus grand honneur de
France, & la vraye lumiere de ses
yeux estoit esteinte. Depuis, quelle ville, quel temple, quelle place
publicque, mais quelle maison, ou
quel coing auons nous veu en ce
Royaume, où l'on n'ait recogneu
tous les regrets qu'vne espouse
espand sur son espoux qu'on viẽt
d'assasiner entre ses bras , ou la
mere sur son fils vnicque?

Il y a plus, le parricide mefme, (ô le defloyal, mais en ce fuiect trop croyable tefmoing!) a rendu preuue tref-affeuree de l'extreme bonté & douceur de ce Prince : Car comme on la interrogé parmy les tourments de la queftion, fi le Roy luy auoit faict quelque tort ou à aucun des fiens ; la verité luy a fait confeffer qu'il ne les auoit jamais pour peu que ce fut offencez. Ha, traiftre! qui pourroit donc parler comme il faut de ta cruauté ? Eft-elle pas de tous points inhumaine, & plus defnaturee que celle des animaux les plus farouches & furieux, puifque tu meurtris fans fubject l'oinct de ton Dieu, & le pere de fon peuple : au lieu que les Ours, les Lions, & les Tygres ne

tüent que pour fe nourrir ou deffendre, ou, lors qu'ils ont plus de
furie, pour fe vanger ! Mais las! il
falloit bien auffi, fi le plus doux &
le plus bening de tous les Roys
deuoit eftre meurtry, que ce fut
par vne mefchanceté gratuite, &
d'vne main non offenfee; puifque
fon extréme bonté ne luy permet-
tettoit pas de faire mal à perfon-
ne. Le fils de Dieu, dit fainct Auguftin, fit entendre doucement à
Iudas, mais auec poincte & effica-
ce, & la debonnaireté de fon Seigneur, & l'horreur de fon crime
l'appellant AMY, & monftrant
que iufques à cefte heure il l'a-
uoit traicté comme tel. Tu en
és là monftre maudit : tu fais
cognoiftre par vn mefme coup,
ton extréme mefchanceté meur-
triffant ton Prince, non pour

autre chose que pour le meurtrir,
& sa bonté incomparable, en ce
que le diable n'a peu luy trouuer
aucun assasin qui fust ou poussé
de vengeance, ou irrité par quelque iniure. O Dieu, vnicque
protecteur & Prince des Roys,
oyez vous pas les pitoyables cris
de ce sang innocent & Royal,
qui plus esclattant que celuy
d'Abel vous demande vengeance
contre son parricide, & contre
le meurtrier de tant de peuples?
Voyez vous pas comme la terre
qui a receu ce sang, pour ne veoir
sans rougir vne si honteuse & a-
bominable meschanceté, maudit ce desloyal, plus que Cain,
& deteste sa race & son nom
comme le nom de la peste &
des furies? Ce pendant la vengeance que le peuple a pris de

ce traiftre, & la faincte rage qui l'a
porté à s'acharner fur fon corps
defpecé , & le defchiter en cent
mille autres pieces, mais à manger
fa chair toute crüe , nous im-
pofe filence , & veut que cefte
feule haine vous face paroiftre
plus que tous les difcours du
monde , combien la France ref-
fent fa perte, & comme nous re-
cognoiffons tous , que la main fe-
lonne de ce deteftable , nous a
rauy le plus debonnaire , le plus
cher, le plus doux , le plus aymé
Roy, qui nous ait iamais com-
mandé. Le fer, le fouffre, le feu,
les tenailles , milles morts amaf-
fees en vne, le corps du parricide mis en quartiers , ces quartiers defchirez en mille autres
parties , ne peuuent contenter
la iufte douleur de ce peuple.

Sa vengeance imite son amour:
cestuy-cy a esté sans bornes; elle
en est de mesme : il faict par le
deuoir d'vne affection plus qu'-
humaine , ce que les Canniba-
les ne font, que par vne barbare
& desnaturee cruauté. Voudriez
vous au partir de là qu'on vous
prouuast la douceur de ce Prince? vengeroit-on son trespas en la
sorte, si on ne le regrettoit comme le Pere de tout le peuple? se-
roit-il regretté de la façon, si on
ne l'auoit aimé de mesme ? l'auroit - on aimé d'vn amour si extraordinaire , si de sa part aussi il
ne nous auoit aimé ? s'il ne s'e-
stoit rendu les delices de son peuple? s'il n'auoit fait paroistre sa debonnaireté & sa douceur aussi
grande que sa valeur ? Il est

vray , ceux là monſtrent que
leur vie n'a affligé perſonne, deſ-
quels la mort afflige tout le monde : mais auſſi l'Eſpagne, la Flan-
dre , l'Angletterre, l'Allemagne,
pleurent elles pas ce Prince comme la merüeille de tous les
Roys ? La France comme ſon
pere , ſon eſpoux , ſon cœur,
& ſon tout? l'Italie comme ſa deffence; l'Vniuers comme ſon honneur ? & le Pere commun des
Chreſtiens, qui n'a peu receuoir
aucune conſolation, depuis que
la robe ſanglante de ſon plus cher
Ioſeph luy a eſté portee , mon-
ſtre-il pas aſſez qu'il croit que
la douceur, le contentement , la
deffence , l'amour non de la
France ſeulement , mais de l'E-
gliſe eſt mort ? Helas ! il ne ſe
trompe point comme le bon
Iacob!

Iacob! Il est trop & trop vray, que
la plus meschâte & la pus furieuse
de toutes les bestes a deuoré l'hô-
neur & la merueille de tous ses enfans. Que si l'ô estime à bô droict
que les Anges portent dans le ciel
auec alegresse & resiouïssance, les
Princes que leurs subiects portét
en terre, auec beaucoup de tristesse & de deüil: les larmes sont fort
bié seâtes à ce successeur de Sainct
Pierre, à ce sainct pere des hommes, puis qu'elles sont conioin-
êtes auec les chants des Anges.
Adioustons y nos regrets & nos
plaintes, Messieurs, & tandis que
ces esprits diuins triomphét pour
le gain du Ciel, disons pour la perte de la terre, *Cecidit Corona Ca-*
pitis nostri, Væ nobis, quia pecca-
uimus.

L E D E R N I E R mais le plus

esclatant fleuron de ceste Royalé
Courone , & la Croix pour
mieux dire qui en decore le som-
met , c'est la RELIGION. Car
a la verité, si la valeur, la prudence,
la misericorde, la douceur, & autres semblables vertus peuuent
rendre les Roys agreables a leurs
subiects, la Religió leur est neces-
saire pour les rendre agreables à
Dieu : si ces autres les font dignes
de porter les Sceptres en terre, la
Religió leur met sur la teste l'heureux Diademe du Ciel, & si par le
moié de celles la ils iugent les hómes sainctement & auec equité, la
Religió les portera si haut au iour
effroyable du grád Dieu de iustice, qu'ils iugeront les Anges auec
luy : sçauez vous pas, ce dit sainct
Paul, que nous, qui suiuons cóme
il faut, la créance & la loy de Iesus

Chrift, iugerons les Anges? Auffi
certes n'y a il rien de haut, d'admirable, de diuin, que le tout-puiffât
n'ait fait pour l'auantage de cefte
excelléte vertu, ou dans l'ame mefme de ce grád Roy, ou ailleurs par
fon entremife. Car pour ne vous
represéter pas vne infinité de vierges diuines, d'hómes mortifiez,
mais de colleges tous entiers, qui
ont ouuert l'efcole du Caluaire &
efleué l'eftádart de la Croix foubs
la benediction de fon regne, pour
paffer foubs filéce, que par l'afpect
bening de ce Soleil terreftre efcla-
tát à Fontaine-bleau, la Religion
nouuelle à peu cognoiftre, qu'elle
eftoit veitablemét nouuelle, & de
tous poincts cótraire à celle que S.
Auguftin, S. Ierofme, S. Ambroife
S. Athanafe, & féblables oracles
de l'antiquité ont profeffee, pour

taire mesme, quoy que ce soit la
plus grâde de ces merueilles, qu'a-
yant succé l'erreur auec le laict, &
passé parmy les tenebres du Calui-
nisme la plus grâde partie de son
âge, il l'ait quitté en sorte qu'il ne
luy en soit demeuré aucune apparence : en quel râg mettrés vous ie
vous prie, qu'il ait porté la saincte
Messe, par la seule creâce & authorité de son nom aux portes de Cô-
stantinople, & planté iusques dâs
le sein des Mahometâs vn grâdcol-
lege de ces Peres, qui portét àtres-
bô tiltre, & qui preschét tressaincte-
mét le nô de Ies? Les armes, le courage, la pieté, mais la vie & le sâg de
Sainct Louys, le plus Religieux de
tous nos Roys ont ils iamais produict de si admirables effects & de
dôner vne force si extraordinaire
à la seule parole & renômee d'vn

Prince, laquelle en foy n'eſt que
fumee, eſt ce pas vn traiȼt euidét
deceluy, qui eſtant luy meſme la
parolle, mais le nó & la gloire de
ſon Pere, a produiȼt toutes choſes
par ſa parolle ? Quelle difference,
bon Dieu ! & cóme vous prenez
plaiſir a deſmétir les iugeméts des
hómes, & faire paroiſtre vos merueilles ou il y à moins d'apparence
Sainȼt Louys eſt inſtruit des ſon
enfáce en la Religió ſeule & vraye-
ment Ghreſtiéne ; le Roy eſt nourry en vne creáce, qui n'a rien de Ieſus-Chriſt que le maſque méteur
de ſon diuin nó: Sainȼt Louys có-
tinuë touſiours en la verité de ſa
foy; le Roy long téps en la fauſſeté
de la ſiéne: Sainȼt Louys quitte ſó
Royaume, pour aller ataquer les
ennemis cómuns du Criſtinianiſ-
me, les cóbat de ſa propre main, y

efpád fon fag, en réporte plufieurs
victoires; le Roy, au moins pour
ce fubiect, ne fort point de fon
Louure, & ne faict rié que leur ef-
crire.& fi en fin Sainct Louys n'y
gaigne autre chofe pour le feruice
de Dieu en terre, que la perte de fô
armee, puis de fa liberté & de fa vie;
le Roy au côtraire trouue moié de
couler dans leurs villes, les ferui-
teurs fideles & domeftiques non
d'Abrahá pour y côbatre les quatre Roys, mais de Iefus le vray pere
des croians, pour y abatre l'impie-
té, & pour offrir à Dieu auec le fouuerain Melchifedec, le pain des anges, & le vin engédrant les vierges.
Puis qu'on me nie au partir de là
que le tout-puiffant ait choifi ce
Monarque, pour eftre le Roy des
merueilles, & la merueille de tous
les Roys? pour feruir de montre &

de trophee à sa gloire, à sa puissace
à sa grandeur, à son incóprehensi-
ble prouidéce? Les Iesuites en Cô-
stantinople, le Grand Seigneur les
y voyant, les y honorant, les faux
freres s'y opposant par toute sorte
de mésôges & d'artifices, & le seul
HENRY DE BOVRBON, né nourry,
esleué en l'inimitié de cest ordre,
les y portant, les y establissant! Tu
es le Dieu des Dieux Seigneur! &
rié ne peut resister à ta dextre! Mais
d'autant que ce tout puissant fait
particulieremét profession, de tenir les cœurs des Roys entre ses
mains, & les porter ou bon luy sé-
ble, voyons ie vous supplie, à qui il
à dóné celuy de ce grád ROY, & si le
tirát de sócorpsil l'amisenlieu, qui
no⁹ puisse faire paroistre sa prouidéce, & ses merueilles. Qu'é dites
vous Messieurs? qu'il falloit pour

monftrer cefte prouidence, que lé
cœur du Roy tref-Chreftié, ne fut
dõné qu'a ceux qui ont porté plus
loing, & faict cognoiftre aux peuples qui les cognoiffoient moins,
le nõ Chreftié? que ce fiege de la
plus grande clemẽce, & de la plus
grande valeur qui fe puiffe imagi-
ner ne pouuoit eftre mis en meilleure main, que des plus aguerris,
& des plus refolus foldats de Iefus
Chrift qui eft la clemẽce & la mifericorde mefme? & qu'en fin le plus
noblecœur que l'erreur eut jamais
poffedé, deuoit eftre laiffé á ceux
que l'herefie à plº en butte, & qu'elle honore de fa plus grande haine?
Aduifez donc ie vous fupplie, fi
pour toutes ces confiderations, la
prouidẽce pouuoit mieux dóner
ce rare chef-d'œuure de fes mains,
ce cœur egalement incogneu,
&

& à la cruauté & à lacrainte,
qu'au lieu ou elle'la donné. Car
quant à moy il faut que ie confef-
fe que ie ne vous en fçaurois parler. La feule penfee que ce cœur
n'eft plus en fon corps, que la vie
n'eft plus en ce cœur, me perce le
cœur à moy mefme, & trenche le
fil demon difcours, ou au moins
me contraint de le porter ailleurs.
Mais ou le porteray-ie mieux,
qu'au lieu de mon plus doux repos, & dans la maifon faincte, qui
m'a appris commeil faut prendre
les afflictions que le Ciel verfe fur
la terre, & fe refoudre à la volonté
de celuy, qui peut bien nous trai-
ner par force , quand nous ne
voulons pas le fuiure de bô cœur?
Car à la verité fi ie trouue en ce
lieu quelque confolation pour
moy, & quelque nouuelle force

K

pour acheuer le reste de ce triste
discours, i'y trouueray aussi des
tres-grandes merueilles , & de la
pieté de ce phœnix des Roys,& de
la prouidence du Dieu des Dieux.

Vous sçauez donc que la docte maison de Sorbonne , est le
plus ancien temple voüé à la parolle & à la doctrine de Iesus-
Christ,qui se puisse recognoistre
non seulement en France,mais en
tout l'vniuers, & quiconque aura
eu le bon-heur de la praticquer,
confessera que Dieu la mise en la
garde de quelque diuin Genie &
heureux esprit , qui l'a tousiours
rédue aussi aymable pour sa mo-
destie cóme honorable pour son
sçauoir. Or pouurqoy est-ce que
le vray pere des lettres , le Grand
Roy François, lors qu'il honora
de tant de dons ceste Vniuersité
oublia la seule Sorbonne? & que

noſtre Roy au contraire n'a rien
donné qu'a elle ſeule? Sinon pour
nous faire paroiſtre que Dieu l'a-
uoit particulieremét choiſy, pour
aduancer l'honneur de ſa Religion ; & vouloit que les autres,
quoy que leur deſſeing les y ſem-
blaſt porter, luy laiſſaſſent toute
la gloire de ceſte ſaincte charge?
Merueille eſtrange à la verité! Le
Roy François eſpand tout ce qui
peut eſtre d'vne liberalité & ma-
gnificence Roiale, pour reſtablir
les lettres dans Paris; il n'y à hóme
docte qu'il n'y appelle, recompéſe
qu'il n'y preſente ; ſciéce qu'il n'y
releue : & cependant ceſte ſaincte
maiſõ de la Sorbóne luy eſchape.
Noſtre Roy au contraire, des qu'il
à eu mis par ſes armes la paix du
monde dans ſon eſtat, & celle de
Dieu dãs ſõ ame par ſa conuerſió,

n'a pensé à rien pluſtoſt , mais à
rien pour tout qui appartinſt aux
lettres, qu'à eſtablir dans ce religieux & ancien College deux le-
ctures ſacrees, comme deux tru-
chemens des oracles & de la parolle de Dieu , deux voix du Ciel
qui y retentiront à jamais, deux
ſources d'eau celeſte & viue, qui
pour rejallir en fin iuſques au Pa-
radis & s'aller rendre à la vie eternelle, arroſent cependant tout ce
grand Royaume , ne plus moins
que les fleuues d'Edem arroſoient
tout le móde. Heureuſe & ſainⱰe
cópagnie, n'oubliés iamais ce grád
honneur, & puiſque par le moien
de ce Prince vous enſeignés aux
hómes la parolle de Dieu, portés
au Ciel les vœux & les prieres des
hommes, pour le repos eternel de
ſon ame. Sathá le grád ſemeur de

zizanie, trouue moien de diuiser
le pere & les enfãs; le succeffeur de
Sainct Pierre, & la fereniffime Re-
publicque de Venife : Le feu qui
grõdoit en la nüe feble eftre tout
preft d'efclater, on eft fur le point
de paffer des céfures aux tãbours,
des anathemes aux combats ; les
ennemis de l'Eglife en triõphent,
& penfent ja créper leurs mains
dans le fang des enfans de Dieu.
D'ailleurs les interefts mondains,
les pretentions qu'il à en Italie, les
raifons. d'eftat, l'ambition & la
grandeur humaine, conuient le
Roy de n'e s'oublier pas, de fe feruir de cefte occafion, de fe refou-
uenir qu'il eft temps de pefcher
quand l'eau eft trouble : nonobftant dés que la Religion fe monftre, dés que fon œil diuin fe faict
paroiftre, dés que ce fils de Sainct

Louis se represente qu'il y va de la
nacelle de Sainct Pierre, de la maison de Iesus Christ; toutes ces nu-
ces se dissipent, toutes ces raisons
sont sans force, & rié ne peut trouuer place en son ame, que le desir
de dóner la paix au bien & au pro-
fit de l'Eglise, ou il sembloit que la
guerre deut faire celuy de só estat.
Il le veut par l'amour qu'il porte à
la Religion, il le peut par la seule
force de son authorité, & comme
arbitre general de l'vniuers, il est
creu du Pere des Chrestiens, & re-
ueré de ceux que nul autre ne pou-
poit flechir. Qui ne verroit donc
encore icy, & qui n'admireroit, &
la pieté de ce Prince, & la Toute-
puissance du grand-Dieu, auroit
besoing luy mesme de ceste puissance, pour guerir son aueu-
glement.

En la Sauoye, si ie le contemple
d'vn costé comme vn esclair terrible, lancé de la main du Dieu des
armees qui emporte & ruine tout
plustost qu'on ne l'ait aperçeu ; ie
le vois de l'autre, si heureusement,
si promptement, si diuinement
abbatu par la Religion, qu'au lieu
de le loüer comme vainqueur des
hommes , ie suis contrainct de
l'admirer comme vaincu de la
crainte de Dieu, & de chanter les
triomphes de sa pieté , pour le
conquestes & trophees de ses armes. Iamais Prince n'eut aucun
subject ny de plus iuste , ny de
plus grande cholere ; ceste cholere est renforcée par le bon-heur
d'vne perpetuelle victoire ; la
victoire naturellement insolen-
te se releue encore par l'asseuran-
ce d'autres plus grands succez

qu'il ſçauoit ne luy pouuoir man-
quer:& nonobſtant à la moindre
priere du Souuerain Preſtre qu'il
luy adreſſe par ſon Legat, il quitte les armes, embraſſe la paix, arreſte le cours de ſa glorieuſe victoire, & eſtime plus le ſubject
pour lequel il l'arreſte, que tous
les fruits de ſes combats. Et qu'õ
trouue merueille au monde plus
grande & plus digne de la puiſſance de Dieu, & de la pieté d'vn
Roy treſ-Chreſtien, que ceſte victoire de ſes paſſions, de ſon bon-
heur, de ſa victoire meſme ! En S.
Matthieu chapitre 8. les peuples
s'eſtonnans de voir le fils de Dieu
appaiſer les tempeſtes par ſa ſeule
parolle, ne peuuent qu'ils ne s'eſ-
crient, *Quel eſt celuy-cy d'autãt que
les vents & la mer lui obeiſſẽt ?* C'eſt
icy peuples qu'il faudroit s'eſcrier
car

tar qu'est-ce que l'impetuosité
des vents & de la tempeste, au prix
de la cholere d'vn Roy armé , iu-
stement irritée , & de la violence
d'un courage esleué par la victoire
& enflábé d'iniure & d'esperance?
Il y à mille semblables actions
tant de ceste diuine vertu, que
d'vne infinité d'autres , dont ie
pourrois vous discourir, & aron-
dir nostre Couronne : mais outre
ce qu'il ne faut point esperer de
rondeur en vne Couronne, qui en
tombant s'est miserablement
rompue , ie vous ay dict dés le
commencement , & les effects
vous l'ont monstré de puis, que ie
ne m'estois pas presenté dans ce
lieu pour louer sa vie, mais pour
pleurer sa mort , à laquelle ma
douleur m'appelle.

Sus donc mon cœur, sus ma lan-

L

gue que crains tu ? il faut franchir
le fault, & puis qu'il eſt paſſé, il le
faut ſuiure ; & remettre deuant les
yeux de ceſte tres-illuſtre mais
treſ-dolente aſſemblee, ce qu'elle
à veu le treiſieme de May, ce qu'elle eſperoit de voir le quinſieſme :
& comme le funeſte Iour qui ſe
coula entre ces deux, ce pauure
Prince s'eſtant mis dás la ruë, non
en Roy, mais en Pere ſans gardes,
& armé de la ſeule bien-veillance
qu'on luy debuoit, vn monſtre
que le Diable animoit, ſans crainte du Ciel, ſans pitié de la terre,
ſans reſpect de l'onction ſacree
dont Dieu honore ſes Lieutenans,
luy tira le coup parricide d'vn a-
bominable couſteau, & l'eſtendit
tout roide mort dans ſon caroſſe
au millieu de cinq ou ſix de ſes
plus valeureux & fidelles Capitai-

nes. Dieu que diray ie icy!par ou
comméceray-je!Par ou finiray-je
ma plainte!Quelle borne pour-
ray-je mettre à ma douleur qui eſt
incapable de bornes!Parce qu'en
vn eſtat populaire il ſemble que
quelque partie de l'authorité ſou-
ueraine tóbe ſur chaque Citoyen,
Ciceró dit que c'eſt vne meſchâce-
té hardie de lier vn citoyé Romaí,
vn crime grád & puniſſable de le
battre, de le tuer preſque vn parricide,mais de le mettre en Croix,
que c'eſt vn horreur ſi deteſtable,
qu'il n'y a ny parolle, ny conce-
ótion, qui y puiſſe dóner atteinte:
Que diroit il donc,& cómment eſt-
ce qu'il tonneroit, s'il voyoit có-
ne nous,ce Prince,en qui toute la
Majeſté de la plus excellente Monarchie de l'vniuers,mais toute la
Diuinité comme les S S. Peres

oſent bien dire, de l'onction du
Seigneur reſidoit, reduit dans ce
tombeau par la morſure du plus
deteſtable & du plus venimeux
ſerpent qui rampa iamais ſur la
terre. Dauid au 2. liure des Roys,
deplore la mort de Saül, non de
Henry IIII. d'vn Roy qui perſe-
cutoit ſes plus fideles ſeruiteurs,
non de celuy qui pardonnoit à
tous ſes ennemis : Cependar pour
la ſeule conſideration qu'il eſtoit
vaillant Prince & l'Oinct du Seigneur, il maudit le lieu ou il eſtoit
mort, & les montagnes innocétes
qui auoient reçeu ſon ſang. *Mon-*
tagnes de Gelboé, dit-il, que la roſee
& la pluye ne tombé pas ſur vous &
qu'il n'y ait plus en ce lieu de Chãps
des Premices, car la à eſté ietté le
bouclier des forts, le bouclier de Saül
côme s'il n'euſt point eſté oinct d'hui

le. Paris, ce feroit vne trop grande
dureté, mais vne tref-iniufte cruauté de vous maudire pour auoir
reçeu le fang de voftre Roy, Ce
fang vous à affligé, non pas def-
honnoré, vous à rédu miferable,
nõ pas coulpable: mais vous trouuerez bõ, ce croif ie, qu'au lieu de
prier que la pluye & la rofee ne tõ-
be pas fur vous, ie defire que la
pluye & la rofee de vos larmes ne
ceffent de tõber fur le funefte lieu
ou voftre grãd Roy eft tombé: &
que vos enfans ne fe trouuent jamais dans cefte malencontreufe
ruë, qui tire à bondroict fon nom
du fer, mais qui deuroit l'auoir tiré des furies, de la felonie, de l'en-
fer fãs tefmoigner par leurs fouf-
pirs que le vray Pere, le plus grãd
honneur, le plus cher amour de
Paris, l'a teinte de fon fang.

L iij

Dieu quel spectacle! dites moy,
Meſſieurs, l'amour qui eſt, ſelon
Platon, le plus excellēt de tous les
peintres, vous le repreſente-il pas
comme on le deſcendoit en ſon
Louure tout mort? & comme la
plus affligee des femmes ſa chere
eſpouſe, fondant en larmes & fai-
ſāt vne dure guerre à ſes cheueux
& à ſa poitrine, mouroit auſſi de
quoy on l'empeſchoit d'aller ou
eſtoit le corps de ſon Seigneur &
de ſon amour, & de mourir auec
luy? Voyez vous pas l'vnicque eſ-
perance de ce Royaume leur fils
aiſné, à qui le nom de Roy ſēbloit
oſter la vie, pour ce qu'il l'aſſeu-
roit du treſpas de ſon Pere? Mais
ceſte petite eſploree qui d'vne
naïfueté enfantine demandoit en
ſanglotāt ſi Ieſus-Chriſt ne pourroit pas reſuſciter ſon pere, ainſi

que le Lazare, vous transit-elle
point le cœur par vne si extreme
affliction en vn âge si innocent, &
par la consideration des doux nõs
de Pere & de fille, mais des augustes noms du Roy de Frãçe & de
son aisnee? Que vouloit dire ceste genereuse Noblesse, par ses
mains & ses yeux tout ruisselans
de larmes esleués vers les Cieux?
estoit-ce pas ce que ces mesmes
larmes nous disent maintenant,
que nostre perte est vn mal-heur
insupportable, puis qu'elle eston-
ne & abat des courages capables
d'estonner tout le reste du mõde?

Helas! nous admirions
tantost la felicité de ce Prince!
mais maintenant nous sommes
bien contraints de recognoistre,
qu'elle ne sert que de surcroist
à son infortune, & que les mar-

ques du bon heur de fa vie , ne
font plus que des ombres pour re-
leuer le malheur de fa mort, & en
faire paroiftre la grandeur & l'ex-
cés. Car fi vous vous reprefentés,
que nonobftant toute forte de
refiftance , il ait forcé vne infinité de grandes & puiffantes villes , verrés vous pas au mefme inftant , que cefte gloire s'eft mife,
du cofté de la douleur, & qu'elle
en augmente le contrepoix, puis
qu'apres la conquefte de tant de
places , il ne fçauroit auoir fept
pieds de terre pour repofer fes os, fi
le debuoir & la pieté de fes furui-
uans ne luy dónent? & s'il vous re-
fouuient que toutes les forces de
l'Europe ne l'ont peu empefcher
de fe porter au Throfne de fes
peres & de reioindre , gaigner,
& deffendre deux puiffans fcep-
tres

tres par fon efpee ? quel con-
trecoup fentirez vous de voir
que toutes les armes auffi de ces
deux grands Royaumes , ne la-
yent peu garantir d'vn mefchant
& traiftre coufteau ! Ie fçay ,
que nonobftant l'effort de cinquante milles hommes ; il s'eft
tiré fans aucune perte, d'vne place
où ils le tenoient affiegé, mais las!
nous l'allons mettre dans vn lieu
d'où il ne fortira iamais , que
pour entendre fon dernier ar-
reft , & comparoiftre deuant le
fouuerain iuge des Roys , le Dieu
des hommes & des Anges.

Seigneur tout-puiffant, quelle
difference ! Eft il poffible que ce
foit la celuy qui tonnoit à Yury!
Faut il que le Prince que nous
auons veu depuis deux mois,

M

mettre d'vne main triomphante
fur la tefte de fon efpoufe, le plus
noble Diademe de tout l'vniuers,
ne foit maintenãt qu'vn peu de cé-
dre! ô monde! ô vanite! ô douleur!

Ieremie au chapitre vingtiefme,
le Patriarche Iob au chapitre troi-
fiefme, maudiffent pour de moin-
dres fuiects, le Iour de leur naiffã-
ce, & defirent qu'il ne foit plus
compté entre les iours : *Maudit
foit le iour* difent-ils *auquel i'ay efté
né, que le iour auquel ma mere ma cõ-
ceu ne foit point beny, que les tenebres
& l'õbre de la mort l'obfcurciffe, que
l'obfcurité le faififfe, & qu'il foit enue-
lopé d'amertume, qu'vn tourbillon
tenebreux poffede cefte nuict, & qu'elle ne foit iamais comptée parmy les
iours, ny nõbrée dãs le cours des mois.*
Effaçõs dõcques auffi de nos calé-
driers ce funefte quatorfiefme,

que le mois de May ne soit plus
pour la France, mois de plaisir &
de Printemps, & puis qu'il nous à
osté nostre Mars, ostons-le pour
tousiours des saisons de l'annee.

Le Soleil se voilant de tenebres,
& les astres tombans du Ciel, se-
ront les prognostiques & les signes asseurez de la confusion
derniere, de la ruine des elemens,
du changement de tous les Cieux:
mais de quel mal-heur nous me-
nace ce Soleil eclipsé, & ce diuin
astre tombé ? Destournés vostre
ire de nos testes, Dieu de misericorde, contentés vous du sang
du Roy pour l'expiation de son
Royaume, puis que tout le Royaume eut bien voulu dóner son sang
pour le salut & la vie de son Roy.
Regardez d'vn œil fauorable, &
benissés ce pauure peuple, à fin

que ioignant les larmes de sa pe-
nitence, à celles qu'il espand pour
ce mal-heur commun, il pleure
amerement la perte de vos bonnes graces, aussi bien que la mort
du plus doux de ses Princes, &
apres auoir dict côme bon François *Cecidit Corona capitis nostri*, il
adioute en vray repentant *væ-no*
bis quia peccauimus.

Benissez les cœurs & les armes
de ceste genereuse & vaillante noblesse, l'honneur, le miroüer, & l'i-
dee de toute la Noblesse de l'Vniuers, à ce que l'amour & la fidelité
les attache tousiours à l'obeissáce
de só Prince, à la deffece des ô pays.

Benissez ces augustes & sou-
ueraines compagnies, ausquelles
vous auez commis la balance de
vostre Iustice, & puisque vous
leur faictes bien l'honneur de.

donner aux Iuges le nõ de Dieux,
& de vous metre tout debout au
millieu d'eux (*Deus stetit in Sy-*
nagoga Deorum, in medio autẽ Deos
diuudicat.) faictes que tous leurs
arrests ressentrét la Diuinité de vostre presence, & respõdent à la iustice de ce premier; par lequel, vostre S. Esprit les inspirant, les ensei-
gnant, leur cõduisant les langues
& les cœurs, ils ont si próptemét,
si sagemét, si fidelemét recogneu
vostre Oinct nostre Roy, & coulé
presque en vn instant la fidelité, l'obeissance , & l'amour de sa
Majesté dans les cœurs de tous ses
sujects.

Benissés ces sacrés fleurõs de vos
cœlestes fleurs de lys, ces reiettons
Roiaux de la diuine tige de vostre
S. Loys: ces Princes, à qui le sang &
la naissance dónent l'hóneur d'e-

stre les enfans de nos Roys, les Peres de nostre peuple. Quils soient
tousiours semblables à eux mesmes, & que leur fin respôde à leur
commencement: qu'ils n'oubliér
iamais, que la fleur ne vit qu'en sa
tige, la branche qu'en son tronc, le
Prince qu'au seruice de son Roy,
côme le Roy au seruice de sô Dieu.

Benissez ces autres Princes aussi:
ils ont moins de part, Seigneur,
mais non pas moins d'affection à
ceste Couronne, & s'ils n'ont tiré
en naissant leur sang & leur vie de
nos Roys en mesme façô & par li-
gne masculine, ils ont au moins assez de courage & de fidelité pour
l'espandre en mourant, & pour
l'honneur de nostre Roy, & pour
l'auantage de son Royaume.

Benissez vostre diuin heri-
tage, & la part de vostre calice le

Sainct Clergé: qu'il cherche Iesus
Christ, parmy les fleurs de Lys, &
qu'il trouue l'obeissance de voftre
diuine Majesté, dans l'obeissance
de sô Roy voftre plus viue image:
aussi bien la belle & chaste Espouse des cātiques, nous aduertit, que
ce doux Iesus son cher espoux *Paf-*
citur inter lilia , *Se paist parmy les*
Lis , & ne le trouue qu'auprés du
quarreau des parfums où il est
amaffant les lis, *Ad areolam aro-*
matum vbi lilia colligit.

Beniffes la Reyne afligee , qui
comme vne dolente tourterelle,
pleurera le reste de ses iours son
triste veuf-aage. Donnés luy parmy l'amertume de ses larmes, la
consolation de voir le Roy sô ma-
ry renaistre dans le Roy son fils:&
que recognoiffât en luy la mesme
viuacité d'esprit, la mesme force

de courage, la mesme douceur de
parolles, la mesme adresse en toutes choses, elle puisse s'escrier toute contente

O mihi chara mei super Astianactis
imago!
Sic oculos, sic ille manus, sic ora fere-
bat.

O chere image de mon amour! il
portoit ainsi ses mains, tel estoit le
mouuement de ses yeux, tel so ris,
telle sa parolle, telle la contenan-
ce de tout so corps: ie vois le mort,
dans le viuant, & en vn i'aime
tous les deux.

Mais sur tout Seigneur, sur tout,
IN VIRTVTE TVA LÆTETVR
REX, ET SVPER SALVTARE
TVVM EXVLTET VEHEMENTER;
DESIDERIVM CORDIS EIVS
TRIBVAS EI, ET VOLVNTATE
LABIORVM EIVS NE FRAV-
DA-

DAVERIS EVM. Sur tous be-
niſſez le Roy. Qu'il aprenne des
ſon enfance à craindre ſon Dieu,
à aymer ſon peuple : à gaigner
voſtre cœur & le noſtre:à vous
faire ſainctement ſeruice ; & à le
tirer doucement de ſes ſubiects.
Que nous ne rendions pas long
temps l'extreme amour que nous
auons pour luy, au ſeul honneur
de ſa naiſſance ; à l'authorité de
voſtre onction , aux merites du
feu Roy ſon Pere ; mais que ſa
Iuſtice meſme, ſa clemence, ſa pieté , ſa vaillance, luy en donnent
de nouueaux tiltres , & luy facent
poſſeder nos cœurs , non ſeulement comme fils du grand Henry I I I I. & de S. Louys, comme
noſtre Roy , & l'Oinct du Seigneur ; mais encore comme le
Pere, le bien-faicteur , le nourriſ-

N

fier , le deffenfeur , les douces
amours & les delices de fon Peuple;comme le fouftien des veuf-
ues,le fecours des pauures , le Seruiteur de Iefus-Chrift , le bras de
fa Iuftice , la terreur de fes ennemis, l'honneur de fes amis , l'efpe-
rance de la Chreftienté , le contentement de tout le monde.

Vous cependant , Henry mon
doux Prince , à qui de deux puiffans Royaumes il ne refte plus
que fept pieds de terre ; prenés en
bonne part ce petit feruice de ma
langue , ce funebre facrifice de
mes triftes parolles : helas ! elles
vous font bien deües ! Il n'y à pas
douze ans que ie vins en voftre
Royaume muetpour les Fráçois,
& ne pouuant prononçercomme
il falloit vn feul mot de ce doux
langage: vous m'y aués reçeu par

voſtre bonté , gaigné par voſtre douceur , encouragé par voſtre faueur , eſleué par voſtre liberalité · & recognoiſſant que
mon cœur eſtoit tout à vous,
vous aués oublié que mon corps
eſtoit eſtranger. Reçeués d'vn
œil fauorable , ces ſoulpirs & ces
larmes que i'eſpands deſſus voſtre tombe, ou mon cœur eſt en-
fermé au lieu du voſtre , & trou-
uès , par le ſang & la grace de Ieſus-Chriſt , la terre douce à vos
os, & le Ciel miſericordieux à voſtre ame.

F I N.

N ij

PAR grace & priuilege du Roy dōné à Paris le vingt sixiesme Iour de Iuillet, l'an de grace mil six cens dix, Signé par le Roy en son Cōseil Boüer & seellé du grand seel sur simple queüe de cire j'aune, il est permis à BARTHELEMY MACE', Marchand Libraire iuré en nostre Vniuersité de Paris, d'imprimer ou faire imprimer, tant de fois & en tels volumes que bon luy semblera, pendant le temps & espace de six ans, à conter du iour & datte de l'impression, l'oraison funebre du feu Roy nostre tres-honoré Seigneur & Pere (que Dieu absolue) par MESSIRE PHILIPPES COSPEAV Euesque d'Aire; auec deffences, à tous Libraires

Imprimeurs & autres perſonnes,
de quelque eſtat qualité & condi-
tion qu'ils ſoyent, de n'en vendre
n'y diſtribuer en aucune façon &
maniere que ce ſoit, d'autres que
elles qui auront eſté Imprimées,
ou faiĉtes Imprimer par ledict
Macé, ou de ſon conſentement,
aux peines portees plus à plein
par l'original diceluy.

Lesdiĉtes lettres patentes du Roy,
ont eſté Intherines & verifiees à
la Cour de Parlement, pour iouir le
Suppliant du contenu en Icelles, le
ſeptieſme d'Aouſt mil ſix cens dix.

Signé,   Dv Tillet.

Acheué d'Imprimer le 27.
d'Aouſt, 1610.

www.ingramcontent.com/pod-product-compliance
Lightning Source LLC
Chambersburg PA
CBHW071837090426
42737CB00012B/2278